Jens-Uwe Hammann

Modellieren und Einrichten einer Datenbank zum Anwendungsbereich Zoo

DBA02

GRIN Verlag

Bibliografische Information der Deutschen Nationalbibliothek:

Die Deutsche Bibliothek verzeichnet diese Publikation in der Deutschen National-
bibliografie; detaillierte bibliografische Daten sind im Internet über http://dnb.d-
nb.de/ abrufbar.

Impressum:

Copyright © 2015 GRIN Verlag GmbH
Druck und Bindung: Books on Demand GmbH, Norderstedt Germany
ISBN: 978-3-656-92230-8

Dieses Buch bei GRIN:

http://www.grin.com/de/e-book/294491/modellieren-und-einrichten-einer-daten-
bank-zum-anwendungsbereich-zoo

Jens-Uwe Hammann

I

Assignment DBA02

Praktisches Arbeiten mit Datenbanken

Thema:

Modellieren und Einrichten einer Datenbank zum Anwendungsbereich Zoo

Neubulach, den 15.02.2015

Inhaltsverzeichnis

1. Einleitung

In der heutigen Zeit wird der Umgang mit elektronisch gespeicherten Informationen immer wichtiger. Sie dienen als Basis für diverse elektronische Geschäftsvorgänge (Serienbrief, Telefonkontakt etc.) aber auch als Informationsquelle über eine Person oder einen Gegenstand welchen man „bearbeiten" muss. Der Vorteil dieser elektronisch gespeicherten Daten liegt klar in ihrer informellen Größe bei sehr geringem Platzbedarf. So kann heutzutage die komplette Personaldatenbank eines Unternehmens bequem auf einem Datenträger (z.B. USB-Stick) transportiert und an einem mobilem Gerät wie z.B. einem Smartphone oder einem Tablet bearbeitet bzw. aktualisiert und ausgewertet werden. Früher wurden die Informationen in Ordner abgelegt und in Registraturen in der Größe von Turnhallen aufbewahrt. Eine Information zu beschaffen dauerte Stunden, heute ist diese nur einen Klick entfernt.

Was aber bringt der geringe Platzbedarf und die Portabilität wenn die gespeicherten Daten nicht entsprechend aufbereitet, richtig abgelegt und Informationspaare nicht miteinander verknüpft sind? Diese Informationen sind für die Unternehmen überlebenswichtig. Falsche oder nicht rechtzeitig zur Verfügung gestellte Daten entscheiden oftmals über Erfolg oder Misserfolg. Eine Datenbank sammelt und organisiert die Daten welche untereinander in einer logischen Beziehung stehen. Die Verwaltung übernimmt hierbei das Datenbankverwaltungssystem (Database Management System, DBMS)[1].

1.1 Zielsetzung

In diesem Assignment soll beispielhaft der Weg von einer textuellen Problembeschreibung bis hin zur fertigen Datenbank beschrieben werden. Dabei soll insbesondere der Vorgang des Modellierens und der späteren Einrichtung der Datenbank unter MySQL im Vordergrund stehen.

1.2 Abgrenzung

Aufgrund der Aufgabenstellung, welche das Modellieren und Einrichten der Datenbank beschreibt, und der recht geringen zur Verfügung stehenden Sei-

---

[1] Vgl. Schicker, Datenbanken und SQL, Seite 3

tenzahl, wird der theoretische Ansatz nur angerissen und nicht entsprechend vertieft. Der Prozess der physischen Modellierung wird hier nicht beschrieben, da dieser in der Regel direkt vom DBMS (Datenbankmanagementsystem) übernommen wird. Es gibt zwar Möglichkeiten der Optimierung durch den Datenbankadministrator, z.B. über Indexe o.ä., dieses zu beschreiben würde aber den Rahmen sprengen. Das Assignment endet mit der Implementierung der Tabellen auf dem Datenbankserver. Für eine spätere Verwendung müssen dann noch passende GUIs eingerichtet und diverse SQL Befehle zur Pflege und Auswertung der Daten hinterlegt werden.

2. Konzeptueller und logischer Prozess der Datenbankmodellierung

2.1 Weltausschnitt und konzeptuelle Modellierung

Die erste Phase bildet die Grundlage für das spätere Datenbankdesign und fordert meiner Meinung nach die größte Aufmerksamkeit. Es beginnt mit einer textuellen Aufgabenbeschreibung, einem sogenannten Realweltausschnitt. Hierbei werden der Zweck der Datenbank und die später zu implementierenden Funktionen in natürlicher Sprache beschrieben. Anschließend werden hieraus die Objekte der Realwelt (Entitätstypen), deren Eigenschaften (Attribute oder Methoden) und die Beziehungen (engl. Relationship) zwischen diesen Objekten ermittelt und festgehalten[2].

Das Ergebnis wird dann grafisch in einem Entity-Relationship-Diagramm (E/R-Diagramm) festgehalten. Dabei werden in der klassischen Notation die Entitätstypen (Bsp. Tiere) als Rechtecke, die zugehörigen Attribute als Ellipsen (Bsp. Name, Gattung) und die Beziehungen als Raute dargestellt. Attribute welche eine einzelne Entität eindeutig identifizieren, werden auch Schlüsselattribute genannt und im E/R-Diagramm durch Unterstreichung hervorgehoben. Neben diesen grafischen Elementen werden auch die Beziehungstypen (Kardinalitäten) zwischen den beteiligten Entitätstypen als 1:1-, 1:n- oder n:m- Beziehung festgehalten[3]. Den Abschluss der konzeptuellen Modellierung bildet das fertige E/R-Diagramm.

---

[2] Vgl. Hansen/Neumann, Wirtschaftsinformatik 1, Seite 286
[3] Vgl. Laudon, Wirtschaftsinformatik – Eine Einführung, Seite 304

2.2 Relationenmodell und logische Modellierung

In der nächsten Phase wird das bisher erstellte konzeptuelle in ein logisches Datenmodell transformiert. Während sich die erste Phase noch hauptsächlich an der Aufgabenbeschreibung und der Abbildung eines Anwendungsbereiches orientiert hatte, beschäftigt sich die logische Modellierung damit, das E/R-Diagramm in für die Datenbank tauglichen Relationen, sprich Tabellen umzuwandeln. Dabei gilt es ein paar simple Transformationsregeln einzuhalten wie sie Dr. Thimm und Dr. Blaschka beschreiben:

1. Wandle alle Entitätstypen in Relationen um.
   →Attribute des Entitätstyps werden Attribute der Relation.
   →Schlüssel des Entitätstyps wird Schlüssel der Relation.
2. Wandle alle Beziehungstypen in Relationen um.
   →Jeder Beziehungstyp wird eine Relation.
   →Attribute des Beziehungstyps werden Attribute der Relation.
   →Schlüssel aller beteiligten Entitätstypen werden Attribute (Fremdschlüssel) der Relation.
3. Vereinfache die Fälle N:1-, 1:1-Beziehungstypen.

Abbildung 1 - Transformationsregeln im Relationenmodell[4]

Werden diese Regeln befolgt, erhält man nach der Transformation das Relationenmodell. Hierbei werden die Daten bereits in Tabellenstruktur angezeigt und durch Fremdschlüssel miteinander verknüpft.

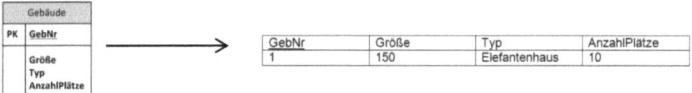

Abbildung 2 - Transformation vom Entitätstyp zur Relation

2.2.1 Normalisierung des Relationenmodells

Während der Transformation ins Relationenmodell ergibt sich aus der Struktur der Daten oft ein recht unschönes Bild in Bezug auf Redundanzen und die spätere Performanz der Datenbank. Um dieses Problem zu lösen, wurden Regeln festgelegt die sich darin wiederspiegeln, in welcher Normalform sich die Relation gerade befindet. Dadurch werden die Redundanzen innerhalb der Datenbank vermindert; ebenso die daraus eventuell resultierende Inkonsistenz mehrfach gespeicherter Daten. Insgesamt gibt es fünf Normalformen in denen sich eine Datenbank befinden kann, wobei die nächsthöhere

---

[4] Quelle: Thimm/Blaschka, Datenbankentwurf DBA102, Seite 36

Form die Definitionen der vorhergehenden beinhaltet bzw. diese voraussetzt.
Da die vierte und fünfte Normalform in der Praxis eher eine untergeordnete
Rolle spielen, möchte ich hier nur die ersten drei kurz vorstellen. Hierzu be-
diene ich mich der Definitionen von SCHICKER:[5]

Erste Normalform:	*Eine Relation ist in der ersten Normalform, wenn alle zu-grundeliegenden Gebiete nur atomare Werte enthalten.*[5]

Das bedeutet, dass es innerhalb eines Attributes nur Einzelwerte geben darf.
Das wäre nicht der Fall, wenn z.B. mehrere Werte per Komma getrennt ein-
gegeben werden können (Feld Rechnungsnummer 123,124,125,...)

Zweite Normalform:	*Eine Relation ist in der zweiten Normalform, wenn Sie in der ersten Normalform ist, und jedes Nichtschlüsselattribut voll funktional vom Primärschlüssel abhängt.*[5]

Grundsätzlich hängen alle Attribute einer Relation immer an dem, den Tupel
eindeutig identifizierenden, Primärschlüssel. Ist dieser aus zwei Attributen
zusammengesetzt, kann es sein, dass einzelne Nichtschlüsselattribute nur
von <u>einem Teil</u> des Primärschlüssels abhängen. Hier würde die Relation
dann gegen die zweite NF verstoßen und die Attribute und das ihnen zuge-
hörige Schlüsselattribut müssten in eine eigene Relation „ausgelagert" werden.

Dritte Normalform nach Codd:	*Eine Relation ist in der dritten Normalform(nach Codd) wenn sie sich in der zweiten Normalform befindet und jedes Nicht-schlüsselattribut nicht transitiv vom Primärschlüssel ab-hängt.*[5]

Das klassische Beispiel einer Relation die oftmals gegen die dritte NF ver-
stößt, ist eine Adressdatenbank. Hier sind in der Regel Attribute enthalten
welche andere Nichtschlüsselattribute beschreiben, und somit nicht direkt
vom Primärschlüssel abhängig sind. Diese können in eigene Relationen aus-
gegliedert werden um Redundanzen zu vermeiden (Bsp. Vorwahl und Ort
hängen an der PLZ und nicht am Namen).

---

[5] Schicker, Datenbanken und SQL, Seite 57 ff

3. Modellierung der Datenbank ZOO

3.1 Konzeptuelle Modellierung

Ausgangspunkt aller Datenbankmodellierungen ist eine textuelle Beschreibung der Anforderung an die spätere Datenbank, d.h. welche Daten sollen erfasst bzw. verarbeitet werden und in welchem Zusammenhang stehen diese zueinander. In diesem Fall soll aus dem Anwendungsbereich Zoo ein relationales Datenmodell erstellt werden.

3.1.1 Realweltausschnitt und Entitätstypen

Der Realweltausschnitt wird hier durch die Aufgabenbeschreibung bereits klar definiert und muss nicht nochmals wiederholt werden. Es handelt sich hierbei um eine Datenbank zur Verwaltung üblicher Aufgaben innerhalb eines Zoos.

Eine Entität kann sowohl ein physisches (Tier, Gebäude,...) als auch ein konzeptuelles (digitale Tierakte, Studienmodul,...) Objekt der realen Welt sein. Sie bildet die Basis für das spätere Ziel der konzeptuellen Modellierung, das E/R Diagramm.[6] Aus der Aufgabenbeschreibung sind folgende Entitätstypen und deren Eigenschaften zu erkennen:

Entitätstypen	Attribute (Schlüsselattribute sind unterstrichen)
Tiere	TierNr, Name, Gattung, Geburstag, Geschlecht, Gebäude, Messdatum, Größe, Gewicht
Futter	Futterbezeichnung, Vorrat, Mindestmenge
Pfleger	Personalnummer, Name, Vorname
Gebäude	Gebäudenummer, Größe, Typ, Anzahl Plätze, TierNr
Tierakte	Aktennummer, TierNr, Anlagedatum, Ereignis, Beschreibung des Ereignisses

Abbildung 3 - Tabelle der Entitätstypen

Zusätzlich zu den oben genannten Entitätstypen, gibt es noch erweiterte Eigenschaften der Beziehungen einzelner Entitätstypen untereinander. Diese habe ich aber nicht explizit den Entitäten zugeordnet. Ein Beispiel ist die „Fütterung", sie stellt die Beziehung der Tiere zum Futter dar und verfügt selbst über eigene Attribute (Datum, Menge). Sie wird später in einer eigenen Relation dargestellt, ist aber kein Entitätstyp im klassischen Sinn.

---

[6] Vgl. Elmasri et.al, Grundlagen von Datenbanksystemen, Seite 62

In der Aufgabenbeschreibung soll bei den Tieren die Anzahl der jeweiligen Gattung eingepflegt werden. Diese ist aber weder ein Attribut des Entitätstyps noch ein später in der Datenbank zu pflegendes Feld. Die Anzahl der Tiere einer Gattung zu ermitteln, ist Aufgabe des späteren Datenbank-Frontend bzw. des entsprechenden SQL-Statements (z.B. „Select Count (Gattung) from Tiere" o.ä.) und muss hier nicht weiter behandelt werden.

3.1.2   E/R-Diagramm ZOO

Im ersten Teil der konzeptuellen Modellierung wurden die Entitätstypen des Aufgabenbereichs ermittelt. Diese bilden nun die Basis für das E/R-Diagramm und werden als Rechtecke dargestellt. Die dazugehörigen Attribute werden in Form von Ellipsen an die Rechtecke „angehängt". Dabei wird das Schlüsselattribut, also das Attribut welches die einzelne Entität eindeutig identifiziert, unterstrichen.

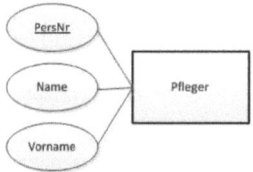

Der Entitätstyp „Pfleger" wird durch die Attribute PersNr, Name und Vorname beschrieben, wobei die PersNr für jede Entität eindeutig ist.

Abbildung 4 - Entitätstyp Pfleger

Die Beziehungen der Entitätstypen untereinander, werden im E/R Diagramm als Rauten dargestellt und gegebenenfalls mit Attributen versehen. Die Kardinalität der Beziehung wird mittels Zahlen am Ende der Verbindung dargestellt und immer an das Ende der Leserichtung geschrieben.

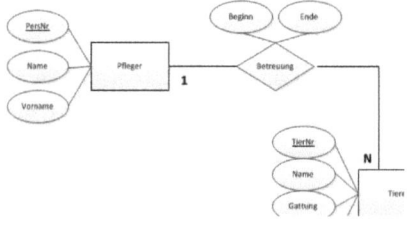

Die Verbindung zwischen Pfleger und Tiere wird über die Beziehung „Betreuung" beschrieben. Dabei werden Beginn und Ende der Betreuung erfasst.

Abbildung 5 - Beziehung Pfleger und Tiere

Die Kardinalität beschreibt, dass ein *Pfleger N-Tiere* betreuen kann (dabei steht N für beliebig viele Tiere), während ein Tier von *einem* Pfleger betreut wird. Überträgt man nun alle Entitätstypen, Beziehungen und Kardinalitäten des Zoos, ergibt sich folgendes E/R-Diagramm.

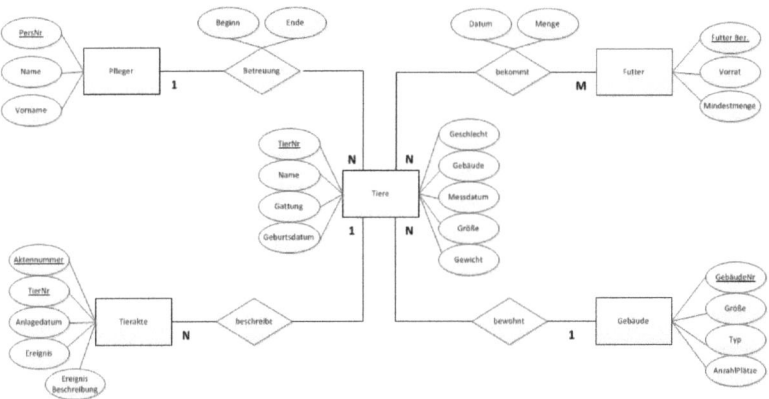

Abbildung 6 - E/R-Diagramm Zoo

Die Notation wurde im klassischen Stil durchgeführt. Unter Verwendung von UML (Unified Modelling Language) wäre im Zuge der Spezialisierung und Generalisierung die Bildung von Klassen möglich. So könnte man eine Klasse Tiere mit den Unterklassen Säugetiere, Vögel, Fische etc. definieren. Vorteil hierbei wäre die Vererbung der Attribute der übergeordneten auf die untergeordneten Klassen.

Da die Erweiterung auf UML aber nicht Thema dieser Arbeit ist, wurde darauf verzichtet. Mit dem Erstellen des E/R-Diagramms ist die konzeptuelle Modellierung der Datenbank Zoo abgeschlossen.

3.2   Logische Modellierung

Bei der logischen Modellierung geht es darum, das erstellte E/R-Diagramm in ein Relationenmodell umzuwandeln und in den entstandenen Relationen mit Hilfe der Normalisierung Redundanzen zu vermeiden. Die einzelnen Schritte wurden bereits im theoretischen Teil beschrieben.

3.2.1 Transformation des E/R Diagrammes ins Relationenmodell

Im konkreten Fall werden zunächst aus den fünf Entitätstypen die ersten Relationen gebildet. Dabei werden die Attribute zu Spaltenüberschriften welche die Tupel (einzelne Entität) beschreiben.

TierNr	Name	Gattung	Geburtstag	Geschlecht	Gebäude	Messdatum	Gewicht (kg)	Größe (m)
1	Hugo	Afrikanischer Elefant	15.07.2000	männlich	1	20.10.2010	7584	-
2	Gerda	Giraffe	12.03.1985	weiblich	3	18.03.2000	-	4,5
..	..	..	..	..	..	..	..	..

Abbildung 7 - Relation TIERE ohne Fremdschlüssel

Die Übertragung der Beziehungen und deren Kardinalitäten gestaltet sich hierbei schon etwas schwieriger. In unserem E/R-Diagramm gibt es zwei Varianten von Beziehungstypen, die 1:N und die N:M.

Bei der Transformation von 1:N soll die Beziehung „bewohnt" als Beispiel dienen. Sowohl „Gebäude" als auch „Tiere" bilden eigenen Relationen. Um diese nun miteinander zu verknüpfen, wird das Schlüsselattribut der „1er" Seite als Fremdschlüssel in die Relation der „N-Seite" integriert. Am Schlüsselattribut der Zielrelation ändert sich nichts, d.h. die TierNr bleibt weiterhin das Schlüsselattribut der „Tiere". Hier wird die GebäudeNr in die Relation Tiere hinzugefügt.

Da es in der Relation Tiere sowieso eine Spalte zur Protokollierung des Gebäudes gibt, kann diese nun durch den Fremdschlüssel ersetzt werden. Sind an der Beziehung selbst noch Attribute vorhanden, würden diese ebenfalls in die Zielrelation übertragen.

TierNr	Name	Gattung	Geburtstag	Geschlecht	GebNr (FK GEBÄUDE)	Messdatum	Gewicht (kg)	Größe (m)
1	Hugo	Afrikanischer Elefant	15.07.2000	männlich	1	20.10.2010	7584	-
2	Gerda	Giraffe	12.03.1985	weiblich	3	18.03.2000	-	4,5
..	..	..	..	..	..	..	..	..

Abbildung 8 - Relation TIERE inkl. Fremdschlüssel Gebäude

Die Beziehung der Tiere zu ihrem Futter wird über N:M dargestellt, zusätzlich besitzt die Beziehung „bekommt" eigene Attribute, wie z.B. das Datum der Fütterung und die erhaltene Menge an Futter. Für diese Art von Beziehungen muss immer eine eigene Beziehungsrelation erstellt werden.[7] Die neue erstellte Relation erhält die beiden Schlüsselattribute der verbunden Relationen

---

[7] Vgl. Schicker, Datenbanken und SQL, Seite 84

als Fremdschlüssel, sowie in diesem Fall zusätzlich die beiden Attribute der Beziehung selbst. Schlüsselattribute dieser Relation sind die TierNr in Kombination mit dem Fütterungsdatum. Da jedes Tier nur einmal pro Tag gefüttert wird, beschreiben diese Attribute jeden Tupel, sprich jede Fütterung eindeutig.

TierNr (FK TIERE)	FuttDatum	Futterbezeichnung (FK FUTTER)	Menge (kg)
2	18.07.2003	Heu	100
..	..	..	..

Abbildung 9 - Beziehungsrelation Fütterung

Wurden nun alle Entitäts- und Beziehungstypen ins Relationenmodell übertragen, ergeben sich folgende Relationen (textuelle Darstellung ohne Datentyp)

Tiere (<u>TierNr</u>, Name, Gattung, GebDat, Geschlecht, Messdatum, Gewicht, Größe, GebNr(*FK-Gebäude*), PersNr(*FK-Pfleger*),Beginn Betreuung, Ende Betreuung)

Futter (<u>Futterbezeichnung</u>, Vorrat, Mindestmenge)

Gebäude (<u>GebNr</u>, Größe, Typ, AnzPlätze)

Tierakte (<u>AktNr</u>, TierNr(*FK-Tiere*), Anlagedatum, Ereignis, Ereignisbeschreibung)

Pfleger (<u>PersNr</u>, Name, Vorname)

Fütterung (<u>TierNr(*FK-Tiere*)</u>,Fütterungsdatum, Futterbezeichnung(<u>*FK-Futter*</u>), Menge

Das Relationale Datenmodell wäre jetzt in einer funktionierenden und grundsätzlich richtigen Version. Um die erstellten Relationen auf eventuelle Redundanzen zu überprüfen, muss allerdings noch die Normalisierung angewandt werden.

3.2.2   Normalisierung des Relationenmodells

Wie bereits erwähnt, gilt es bei der Normalisierung zu überprüfen, ob sich das Modell in einem qualitativ guten Zustand befindet und sich keine Anomalien beim Einfügen, Löschen und Verändern von Tupel ergeben bzw. unerwünschte Redundanzen zur Inkonsistenz der Datenbank führen können.

Zunächst wird überprüft, ob sich die Relationen in der 1. Normalform befinden (die 0.NF ist durch das Erstellen der Relationen bereits erfüllt). Hierzu wird geprüft, ob sich in einer Relation nicht-atomare Einzelwerte befinden können. Das könnte eventuell beim Typ des Gebäudes vorkommen. Zum Beispiel könnte ein Gebäude sowohl Aquarium, als auch Terrarium sein (Eingabe: Aquarium, Terrarium). Wir gehen aber davon aus, dass ein Gebäude nur einem Typ zugeordnet wird. Die Ereignisbeschreibung in den Tierakten ist ein ähnlich problematisches Feld, bei dem aber davon auszugehen ist, dass es sich hierbei um eine Art Memo-Feld handelt und damit in der Normalisierung nicht weiter beachtet wird. Alle Relationen befinden sich aktuell in der 1. Normalform.

Ob sich eine Relation in der 2. Normalform befindet, lässt sich relativ leicht überprüfen. In unserem Schema befinden sich nur zwei Relationen mit einem zusammengesetzten Primärschlüssel. Nun ist zu prüfen, ob die jeweiligen Nichtschlüsselattribute alle direkt von diesem Gesamtprimärschlüssel abhängen. Dies ist bei beiden Relationen der Fall, d.h. die Relationen sind also alle in der 2. Normalform.

Die praxisnahe Normalisierung beinhaltet die Stufen 1 – 3. Die Relation befindet sich in der 3. Normalform, wenn alle Attribute, welche nicht selbst Primärschlüssel der Relation sind, direkt vom Primärschlüssel abhängig sind. Auch dies ist in den Relationen der Fall, d.h. alle Felder sind direkt vom Primärschlüssel abhängig. Es können keine Felder in weitere Relationen ausgelagert werden ohne die Zugehörigkeit der Attribute zu zerstören.

4. Einrichtung der Datenbank

4.1 Entwicklungsumgebung

Um die Datenbank zu erstellen, habe ich auf einem Rechner das Programm-
paket XAMPP in der Version 5.6.3 installiert. Dies beinhaltet u.a. den MySQL
Server 5.6.21 sowie den APACHE Webserver 2.4.10. Um die Tabellen zu
modellieren und auf den Server zu übertragen verwende ich MySQL Work-
bench Version 6.2.

4.2 Übertrag des Relationenmodells in Datenbanktabellen

Nachdem man sich die Mühe gemacht hat, ein entsprechendes E/R-
Diagramm zu erstellen, dieses in Relationen zu übertragen und anschließend
zu normalisieren, ist das Erstellen der Tabellen im Vergleich dazu recht ein-
fach. Beim Anlegen ist darauf zu achten, die Attribute in den Tabellen mit
einem entsprechend passenden Datentyp zu versehen. Das sichert zum Einen gegen fehlerhafte Eingaben ab (Text statt Geburtsdatum), zum Anderen
kann die Wahl des richtigen Datentyps die Datenbank positiv in ihrer Performanz beeinflussen (Stichwort: unnötiger Speicherverbrauch). Nachdem die
Tabellen angelegt sind, gilt es die Fremdschlüssel entsprechend zu integrie-
ren und die Tabellen miteinander zu verknüpfen. Ich habe die Tabellen und
Datentypen wie folgt angelegt bzw. eingerichtet:

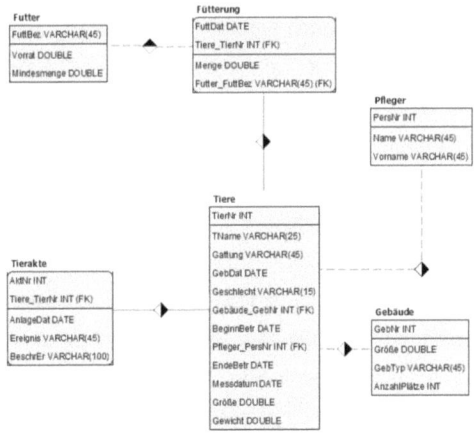

Abbildung 10 - Tabellen inkl. Datentyp und Fremdschlüssel

Sind die Tabellen am Server implementiert, können Sie z.B. über phpMyAdmin mittels SQL Befehlen verwaltet, ergänzt und verändert werden.

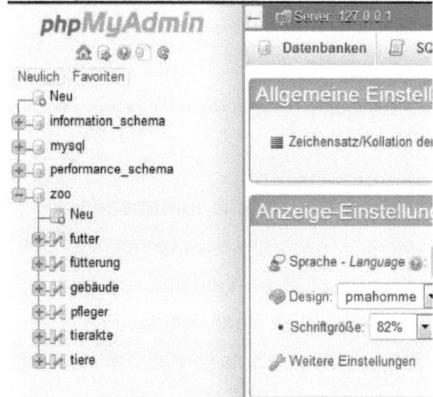

Abbildung 11 - Screenshot phpMyAdmin

5. Fazit und Möglichkeiten

Der beschriebene Anwendungsbereich ist aufgrund der Zusammenhänge innerhalb eines Zoos für die Verwendung einer Datenbank sehr gut geeignet, wobei die Größe und Komplexität stark von den betroffenen Entitäten abhängt. In dieser Datenbank könnten sogar noch ergänzend „Teilnehmer" hinzugefügt werden. Beispiele hierfür wären eine Tabelle der Tierpatenschaften inkl. Dauer, Monatsbetrag und Namen der Paten oder eine externe Schnittstelle für die entsprechenden Futterlieferanten inkl. deren Konditionen für einzelne Futterarten und der durchschnittlichen Abnahmemenge. Kombiniert wird das Ganze mit einem automatischen Bestellsystem sobald die definierte Mindestmenge erreicht oder unterschritten wird.

Ergänzend zur Aufgabenbeschreibung der Tierakten ist es wichtig, eine entsprechende Archivierung einzurichten. Wird die Akte „entfernt", soll sie dann gelöscht oder besser in eine Archivdatenbank verschoben werden? Hier könnte man beispielsweise einen Automatismus beim Eintritt des Ereignisses

Tod oder Weggang einrichten, welcher dann alle Datensätze die mit dieser TierNr verknüpft sind ins Archiv übergibt.

Da wir die Daten der Tiere grundsätzlich sowieso pflegen, warum dann nicht auch eine Möglichkeit eines lesenden Zugriffs für die Zoobesucher einrichten? Hier könnten beispielsweise QR-Codes an den Gebäuden angebracht werden welche die Informationen über Tierart, Geburtstagsdatum und Fütterungszeiten enthalten. Auch die Fütterung selbst könnte über ergänzende Barcodeinformationen erleichtert werden, so müsste der Pfleger nicht immer die Ausgabe im Futterbestand sowie die Fütterung händisch nachpflegen, sondern nur die Codes am Gehege und an der Futterausgabe scannen.

Es gibt unzählige Möglichkeiten, die Verwendung einer Datenbank zu rechtfertigen bzw. es sprechen wenige Gründe dagegen einen komplexeren Sachverhalt nicht in einer Datenbank abzubilden. Die Produktpallette von Datenbanksystemen reicht von der kostenlosen OpenSource-Variante bis hin zur preisintensiven Enterprise-Lösung. Dabei ist es besonders wichtig, die Anforderungen klar zu definieren um die folgenden Arbeiten wie z.B. die Modellierung und Implementierung zu erleichtern.

Abbildungsverzeichnis

Literaturverzeichnis

Kenneth C. Laudon, Jane P. Laudon, Detlef Schoder

Wirtschaftsinformatik – Eine Einführung, 2. Auflage, München: Pearson Education GmbH

Hans Robert Hansen, Gustaf Neumann

Wirtschaftsinformatik 1 Grundlagen und Anwendungen, 10. Auflage, Stuttgart: Lucius & Lucius

Ramez A. Elmasri, Shamkant B. Navathe

Grundlagen von Datenbanksystemen, 3. Auflage, München: Pearson Education GmbH

Edwin Schicker

Datenbanken und SQL, 4. Auflage, Wiesbaden: Springer Fachmedien

Heiko Thimm, Markus Blaschka

Datenbankentwurf DBA102, AKAD-Cornelsen Verlag